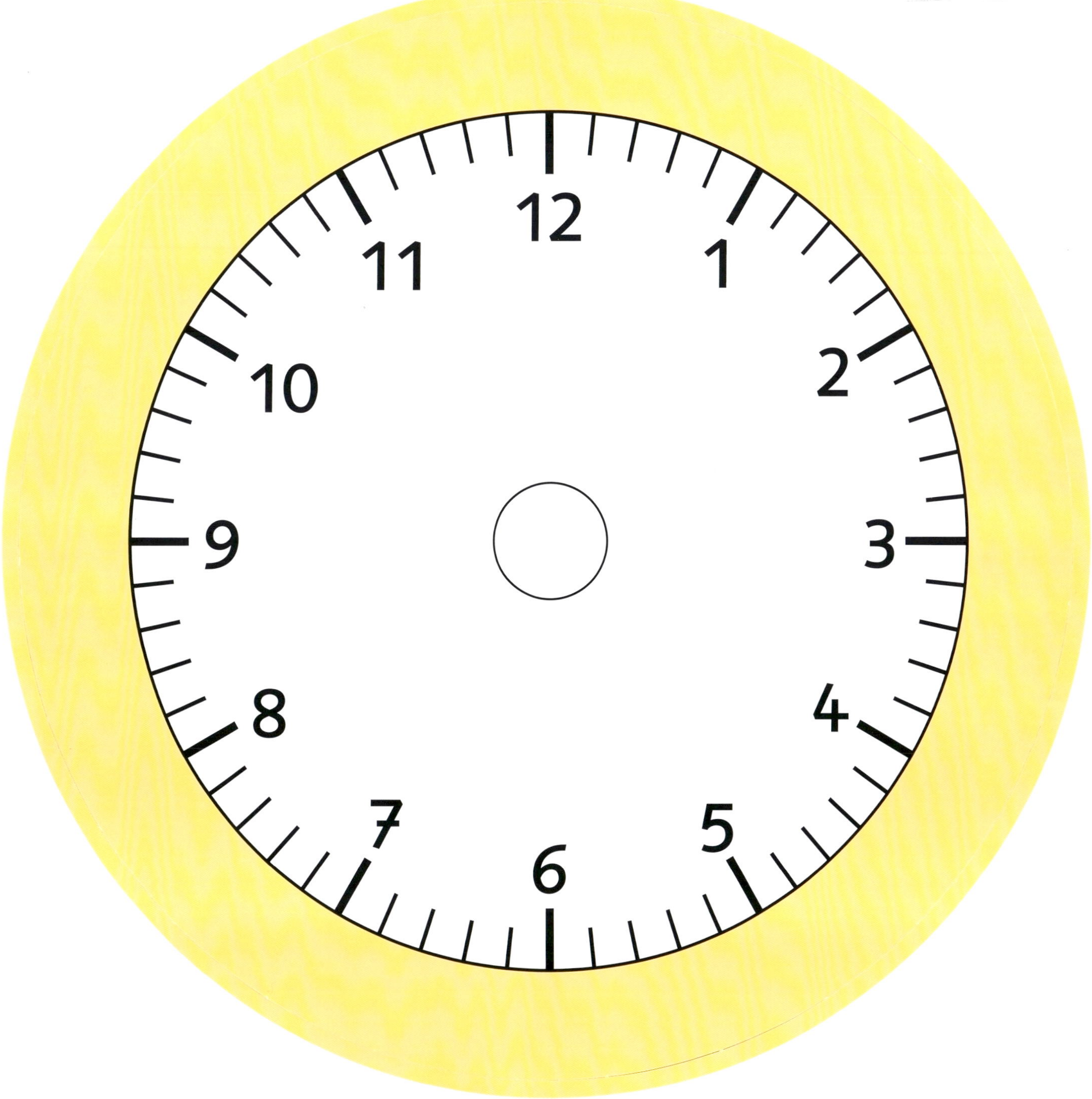

Großer Zeiger
Minutenzeiger

Kleiner Zeiger
Stundenzeiger

24

23 13

12

11 1

22 14

10 2

21 9 3 15

8 4

20 16

7 5

19 6 17

18

Inhaltsverzeichnis

	Sachrechnen	bearbeitet

Sachrechenkurs

Sachaufgaben verstehen
Das weiß ich noch: Rechengeschichten .... 2 ☐
Sachaufgaben erkennen .... 3 ☐
Schlüsselwörter .... 5 ☐

Sachrechnen mit Geld
Das weiß ich noch: Rechnen mit Geld .... 8 ☐
Wie viel kostet es zusammen? .... 9 ☐
Wie viel Geld bekommen die Kinder zurück? .... 10 ☐
Wie viel Geld sparen die Kinder? .... 11 ☐
Wie viel Geld fehlt den Kindern noch? .... 12 ☐
Das kann ich jetzt: Sachrechnen mit Geld .... 13 ☐

Sachrechnen mit Zeit
Das weiß ich noch: Rechnen mit Zeit .... 14 ☐
Zeitdauer .... 15 ☐
Zeitpunkt .... 16 ☐

Sachrechnen mit Längen
Das weiß ich noch: Rechnen mit Längen .... 17 ☐
Wegstrecken .... 18 ☐
Das kann ich jetzt: Sachrechnen mit Zeit und Längen .... 20 ☐

Themenwelten
Besuch im Museum .... 21 ☐
Besuch im Erlebnispark .... 22 ☐
Das Schulfest .... 24 ☐
Das kann ich jetzt: Sachrechnen .... 26 ☐

Daten

Daten
Das weiß ich noch: Daten .... 27 ☐
Daten .... 28 ☐

Kombinieren
Kombinieren .... 30 ☐
Das kann ich jetzt: Daten und kombinieren .... 32 ☐

Rechengeschichten

1 Ordne zu und rechne.

$10 - 3 = \boxed{}$

$5 + 3 = \boxed{}$

$6 - 1 = \boxed{}$

$7 + 2 = \boxed{}$

$6 + 6 = \boxed{}$

Bild und Aufgabe zuordnen, Aufgabe lösen

So gut kann ich die Aufgaben: ✓ ?

Sachaufgaben erkennen

1 Was gehört zusammen? Ordne zu.

Mira hat
ein Glas
mit 8 Bonbons.
Sie legt noch
4 Bonbons dazu.

Wie viele
Erdbeeren hat
Dennis noch?

Lisa und
Fatima haben
12 Muffins
gebacken.
4 Muffins haben
sie schon
gegessen.

Wie viele
Bonbons hat
Mira nun?

Ole spielt
mit seiner
Eisenbahn.
Der Zug hat
9 Wagen.
Er hängt noch
3 Wagen an.

Wie viele
Wagen hat
der Zug dann?

Dennis hat
9 Erdbeeren.
Er schenkt Paul
4 Erdbeeren.

Wie viele
Muffins haben
die beiden noch?

So gut kann ich die Aufgaben: ✓ ?

Textinhalt durch verstehendes Lesen ermitteln;
Bild, Text und Frage zuordnen

3

1 Welche Frage kannst du beantworten? Kreuze an.

a) Mona hat zwei Kaninchen und eine Katze.

Wie viel Futter muss Mona pro Woche kaufen?	☐
Wie viele Haustiere hat Mona?	☒

b) Mira kauft 6 Pflaumen.
Lisa kauft doppelt so viele Pflaumen.

Wie viele Pflaumen kauft Lisa?	☐
Wie viel Geld muss Mira bezahlen?	☐

c) Herr Bauer erntet 8 Äpfel.
Nun hängen noch 12 Äpfel am Baum.

Wie viele Äpfel bekommt Ole mit in die Schule?	☐
Wie viele Äpfel hingen am Baum?	☐

2 Kannst du hier rechnen? Kreuze an.

Tom ist 13 Jahre alt. Murat ist 2 Jahre jünger.	☒
Mira ist älter als ihre Schwester.	☐
Lisa kauft 2 Packungen Äpfel. In jeder Packung sind 6 Äpfel.	☐
Fatima geht in das Haus mit der Hausnummer 16. Sie wohnt in der 2. Etage.	☐

1 Text und Fragen lesen, jeweils die Frage ankreuzen, die beantwortet werden kann 2 Texte lesen und erkennen, bei welchem Text man etwas rechnen kann

So gut kann ich die Aufgaben: ☑ ?

Schlüsselwörter

plus
dazu, insgesamt, mehr, zusammen, …

minus
weg, weniger, …

1 Auf dem Spielplatz spielen 12 Kinder.
Es kommen 3 Kinder <u>dazu</u>.

Frage: Wie viele Kinder sind nun auf dem Spielplatz?

Rechnung: 1 2 + 3 =

Antwort: Auf dem Spielplatz sind <u>insgesamt</u> ____ Kinder.

2 Auf einem Baum sitzen 9 Spatzen.
2 Spatzen fliegen <u>weg</u>.

Frage: Wie viele Spatzen sitzen noch auf dem Baum?

Rechnung: 9 – 2 =

Antwort: Auf dem Baum sitzen noch ____ Spatzen.

3 Zum Frühstück bringt Paul 8 dunkle Brötchen mit.
Anna bringt 6 helle Brötchen mit.

Frage: Wie viele Brötchen sind das <u>zusammen</u>?

Rechnung:

Antwort: Das sind <u>zusammen</u> ____ Brötchen.

4 Dennis und Lena sammeln Bilder von Autos.
Dennis hat 19 Bilder. Lena hat 3 Bilder <u>weniger</u>.

Frage: Wie viele Bilder hat Lena?

Rechnung:

Antwort: Lena hat ____ Bilder.

So gut kann ich die Aufgaben: ☑ ?

Text und Frage lesen, Inhalt erfassen,
Rechenoperation + oder – mithilfe des Signalwortes erkennen,
Rechenaufgabe finden und lösen, Antwortsatz ergänzen

1 Mira kauft 2 Packungen mit je 10 Eiern.

Frage: Wie viele Eier hat Mira?

Rechnung: $2 \cdot 10 =$

Antwort: Mira hat _____ Eier.

2 Frau Sommer verteilt 12 Blumen gleichmäßig auf 4 Vasen.

Frage: Wie viele Blumen sind in jeder Vase?

Rechnung: $12 : 4 =$

Antwort: In jeder Vase sind _____ Blumen.

3 In einem Karton liegen 5 Netze mit Mandarinen.
In einem anderen Karton liegen doppelt so viele Netze.

Frage: Wie viele Netze mit Mandarinen liegen
in dem anderen Karton?

Rechnung:

Antwort: Es sind _____ Netze.

4 Ole und Paul spielen. Zu dem Spiel gehören 18 Karten.
Jeder Spieler bekommt eine Hälfte der Karten.

Frage: Wie viele Karten bekommt jeder Spieler?

Rechnung:

Antwort: Jeder Spieler bekommt _____ Karten.

Text und Frage lesen, Inhalt erfassen,
Rechenoperation · oder ∶ mithilfe des Signalwortes erkennen,
Rechenaufgabe finden und lösen, Antwortsatz ergänzen

So gut kann ich die Aufgaben: ✓ ?

Die Klasse von Frau Lehmann führt
eine Verkehrszählung durch.

1 Die 21 Kinder der Klasse sollen sich
in 3 Gruppen <u>aufteilen</u>.

Frage: Wie viele Schüler sind in einer Gruppe?

Rechnung: 2 1 : 3 =

Antwort: In jeder Gruppe sind ____ Schüler.

2 Anna zählt 12 Autos. Dennis zählt 8 Autos <u>mehr</u>.

Frage: Wie viele Autos zählt Dennis?

Rechnung:

Antwort: Dennis zählt ____ Autos.

3 Ole zählt 25 PKW. Mira zählt 10 LKW <u>weniger</u>.

Frage: Wie viele LKW fuhren vorbei?

Rechnung:

Antwort: Es fuhren ____ LKW vorbei.

4 Fatima zählt 20 Radfahrer.
Die <u>Hälfte</u> der Radfahrer sind Kinder.

Frage: Wie viele Kinder fahren
mit dem Fahrrad?

Rechnung:

Antwort: Es fahren ____ Kinder mit dem Fahrrad.

So gut kann ich die Aufgaben: ✓ ?

Text und Frage lesen, Inhalt erfassen, Rechenoperation +, −,
· oder : mithilfe des Signalwortes erkennen, Rechenaufgabe
finden und lösen, Antwortsatz ergänzen

7

Das weiß ich noch

Rechnen mit Geld

1 a)

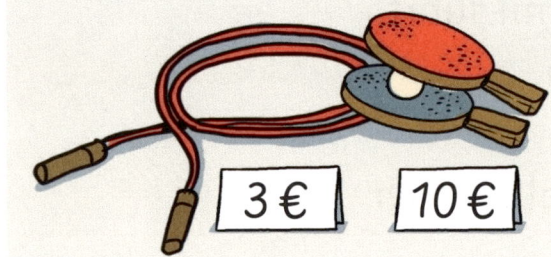

$\boxed{1\,0}\ \text{€}\ +\ \boxed{3}\ \text{€}\ =\ \boxed{}\ \text{€}$

b)

$\boxed{}\ \text{€}\ +\ \boxed{}\ \text{€}\ =\ \boxed{}\ \text{€}$

c)

$\boxed{}\ \text{€}\ +\ \boxed{}\ \text{€}\ =\ \boxed{}\ \text{€}$

2 a) Dennis hat: Dennis kauft: Dennis bekommt zurück:

$\boxed{5\,0}\ \text{€}\ -\ \boxed{}\ \text{€}\ =\ \boxed{}\ \text{€}$

b) Mira hat: Mira kauft: Mira bekommt zurück:

$\boxed{}\ \text{€}\ -\ \boxed{}\ \text{€}\ =\ \boxed{}\ \text{€}$

1 Preise erfassen, Gesamtbetrag errechnen, passend „zahlen"/ legen und zeichnen 2 Geldbeträge erfassen, Verkaufswert abziehen, Restbeträge berechnen und zeichnen

So gut kann ich die Aufgaben: ✓ ?

Wie viel kostet es zusammen?

1 Fatima und Paul gehen in einen Spielzeugladen.

a) Fatima kauft ein Spiel für 23 € und einen Ball für 11 €.

Frage: Wie viel kosten die Spielsachen zusammen?

Rechnung: 2 3 € + 1 1 € =   €

Antwort: Fatima bezahlt ____ €.

b) Paul kauft ein Computer-Spiel für 35 € und ein Buch für 21 €.

Frage: Wie viel muss Paul bezahlen?

Rechnung:

Antwort: Paul bezahlt ____ €.

2 Murat, Lisa und Ole gehen in den Skater-Park. Der Eintritt kostet je 3 €.

Frage: Wie viel kosten die Eintrittskarten zusammen?

Rechnung:

Antwort: _____.

3 ★ Lena und Tim kaufen ein. Lena bezahlt 32 €. Tim bezahlt 5 € weniger.

Frage: Wie viel bezahlt Tim?

Rechnung:

Antwort: _____.

So gut kann ich die Aufgaben: ✓ ?

Text lesen, Sachsituation und Frage erfassen, Rechnung bilden, Gesamtbetrag ermitteln, Antwortsatz ergänzen 1 addieren 2 addieren oder multiplizieren 3 subtrahieren

9

Wie viel Geld bekommen die Kinder zurück?

1 Mira kauft auf dem Flohmarkt ein Spielzeug für 5€.
Sie bezahlt mit einem 10-€-Schein.

Frage: Wie viel Geld bekommt Mira zurück?

Rechnung: 1 0 € – 5 € = €

Antwort: Fatima bekommt ____ € zurück.

2 Tim geht ins Kino. Die Eintrittskarte kostet 7€.
Er bezahlt mit einem 20-€-Schein.

Frage: Wie viel Geld bekommt Tim zurück?

Rechnung:

Antwort: Tim bekommt ____ € zurück.

3 Lisa kauft ein Puzzle für 12€.
Sie gibt dem Verkäufer einen 50-€-Schein.

Frage: Wie viel Geld bekommt Lisa zurück?

Rechnung:

Antwort: _____.

4 ★ Ole und Ömer gehen in den Kletterpark.
Eine Eintrittskarte kostet 9€.
Ole bezahlt für Ömer und sich. Er gibt der Kassiererin 20€.

Frage: Wie viel Geld bekommt Ole zurück?

Rechnung:

Antwort: _____.

Text lesen, Sachsituation und Frage erfassen, Rechnung bilden,
Rückgeld durch Subtraktion ermitteln, Antwortsatz ergänzen

So gut kann ich die Aufgaben: ✓ ?

Wie viel Geld sparen die Kinder?

Preise	~FREIBAD~	**ab 16 Uhr:** **alle zahlen die Hälfte**
Erwachsene Einzelkarte		6 €
Kinder Einzelkarte		4 €
Familienkarte (2 Erwachsene und 2 Kinder)		15 €
Schülergruppen (ab 8 Personen)	jeder	3 €

Ermittle zuerst, wie viel der Eintritt kostet. Berechne dann die Ersparnis.

1 Paul geht am Vormittag mit 8 Freunden ins Freibad.

Frage: Wie viel Geld spart Paul?

Rechnung: 4 € – 3 € = ___ €

Antwort: Paul spart ___ €.

2 Lisa und Fatima gehen um 16:30 Uhr schwimmen.

Frage: Wie viel Geld spart Lisa?

Rechnung:

Antwort: _____ .

3 ★ Tim, seine Eltern und Murat kaufen eine Familienkarte.

Frage: Wie viel spart die Gruppe durch das Familienticket?

Rechnung:

Antwort: _____ .

So gut kann ich die Aufgaben: ✓ ?

Text lesen, Sachsituation und Frage erfassen, Rechnung bilden, Sparbetrag aufgrund von Rabatt durch Subtraktion ermitteln, Antwortsatz ergänzen

11

Wie viel Geld fehlt den Kindern noch?

1 Ein Fußball kostet 34 €.
Lisa hat schon 22 € gespart.

Frage: Wie viel Geld muss sie noch sparen?

Rechnung: 3 4 € − 2 2 € =   €

Antwort: Lisa muss noch ____ € sparen.

2 Leon möchte eine CD für 19 € kaufen.
Er hat schon 8 € gespart.

Frage: Wie viel Geld muss er noch sparen?

Rechnung:

Antwort: Leon muss noch ____ € sparen.

3 Anne hat 16 € in ihrem Sparschwein.
Sie möchte sich 2 Bücher für je 8 € kaufen.

Frage: Wie viel Geld muss sie noch sparen?

Rechnung:

Antwort:    .

4 ⭐ Ole braucht 20 € für den Kauf eines Trikots.
Er hat schon die Hälfte des Geldes gespart.

Frage: Wie viel Geld muss er noch sparen?

Rechnung:

Antwort: _____ .

Text lesen, Sachsituation und Frage erfassen, Rechnung bilden, fehlende Beträge durch Subtraktion ermitteln, Antwortsatz ergänzen

So gut kann ich die Aufgaben: ✓ ?

Sachrechnen mit Geld

1 Mira geht eislaufen.
Sie leiht sich Schlittschuhe aus.

Preise	
Eintritt	4 €
Zehnerkarte	30 €
Leihschuhe	3 €

✓ ? **a)** Frage: Wie viel Geld bezahlt sie für Eintritt und Leihschuhe zusammen?

Rechnung:

Antwort: _____ .

✓ ? **b)** Mira bezahlt mit einem 20-€-Schein.

Frage: Wie viel Geld bekommt sie zurück?

Rechnung:

Antwort: _____ .

2 Fatima hat neue Schlittschuhe.

✓ ? Frage: Wie viel bezahlt sie für 3-mal Eislaufen?

Rechnung:

Antwort: _____ .

3 Paul geht oft eislaufen.
✓ ? Er möchte sich eine Zehnerkarte kaufen.
Er hat bereits 22 € gespart.

Frage: Wie viel Geld muss Paul noch sparen?

Rechnung:

Antwort: _____ .

1 Wie lange dauert die Fahrt?

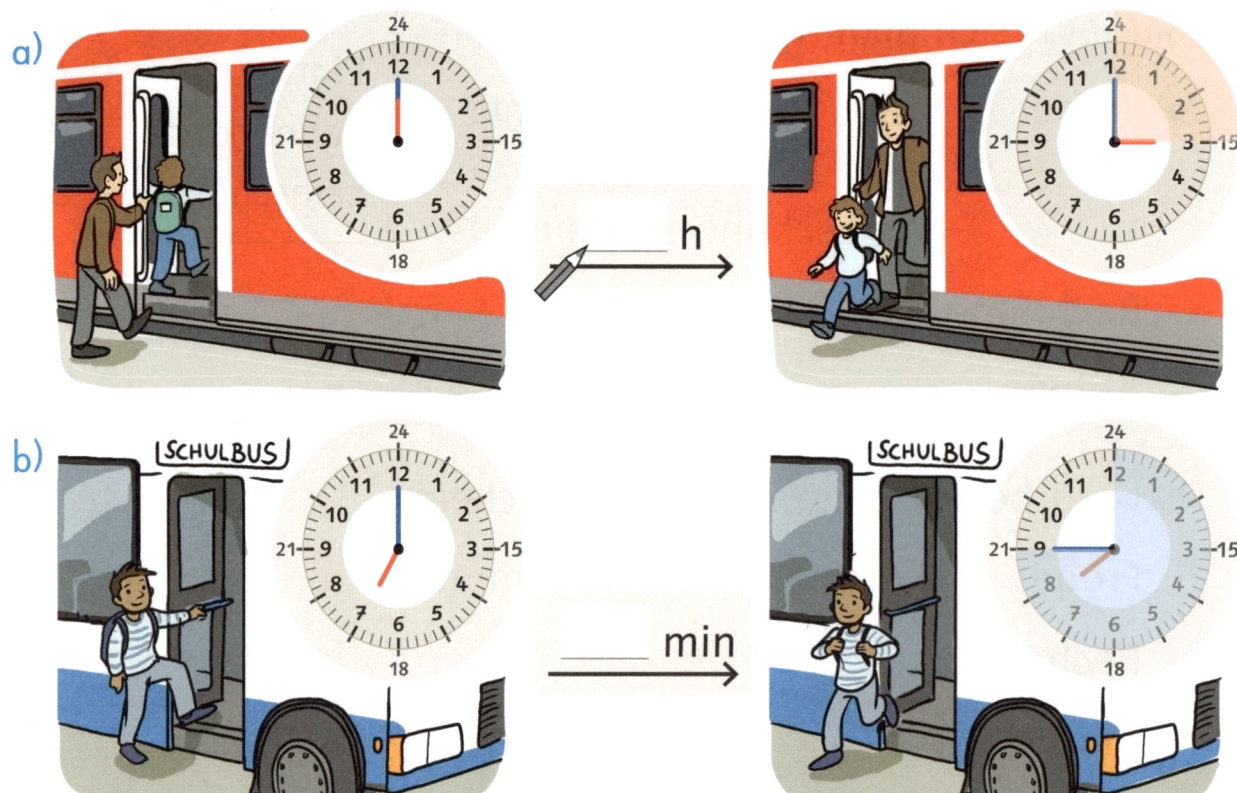

a) _____ h

b) _____ min

2 Wie spät ist es dann?

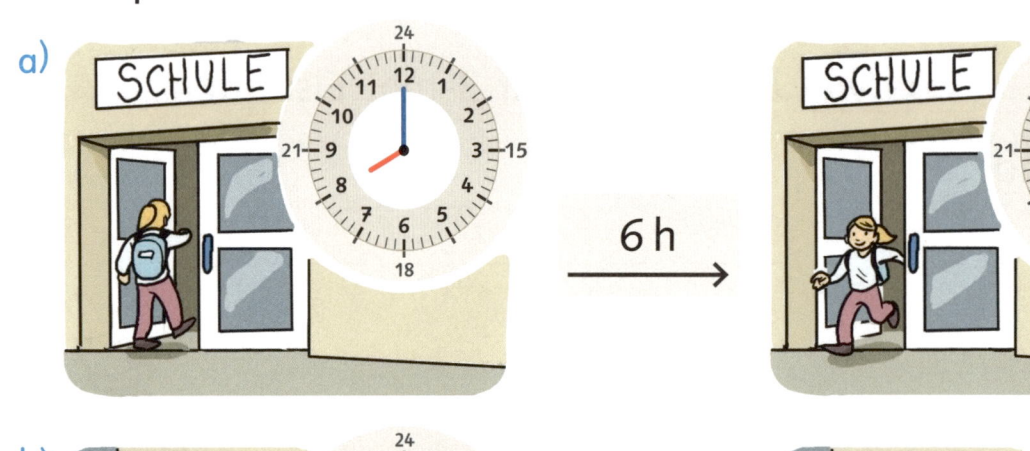

a) 6 h

b) 30 min

1 Uhrzeiten erfassen, Zeitdauer ermitteln
2 Uhrzeit und Dauer erfassen, späteren Zeitpunkt ermitteln

So gut kann ich die Aufgaben: ✓ ?

Zeitdauer

1 Das Training beginnt um 15:00 Uhr. Es endet um 17:00 Uhr.
Wie viele Stunden dauert das Training?

Beginn _15_ : _00_ Uhr   Ende _17_ : _00_ Uhr

Das Training dauert ____ Stunden.

2 Die Frühstückspause geht von 9:00 Uhr bis 9:15 Uhr.
Wie viele Minuten haben die Kinder Pause?

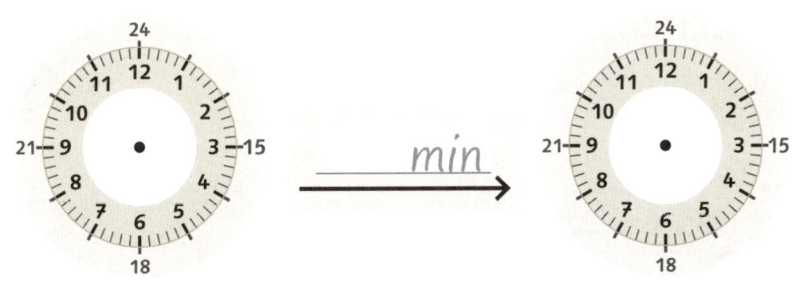

Beginn ____ : ____ Uhr   Ende ____ : ____ Uhr

_____ .

3 Der Kinofilm beginnt um 16:30 Uhr. Er endet um 17:30 Uhr.
Wie lange dauert der Film?

Beginn ____ : ____ Uhr   Ende ____ : ____ Uhr

_____ .

Zeitpunkt

1 Es ist 17:00 Uhr. In einer Stunde soll Ömer zu Hause sein.
Wie spät ist es dann?

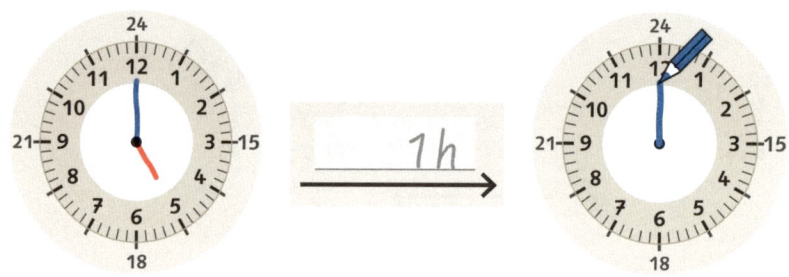

Beginn _17_ : _00_ Uhr   Ende ____ : ____ Uhr

Es ist dann _____ Uhr.

2 Monas Papa schiebt den Kuchen um 10:10 Uhr in den Ofen.
Der Kuchen muss 40 Minuten bei 180 °C backen.

Wann ist der Kuchen fertig?

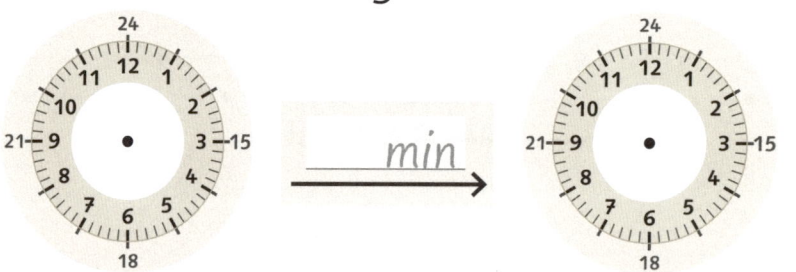

Beginn ____ : ____ Uhr   Ende ____ : ____ Uhr

3 Es ist 16:00 Uhr. Vor 2 Stunden ist Lisa zu Tim gefahren.
⭐ Wie spät war es da?

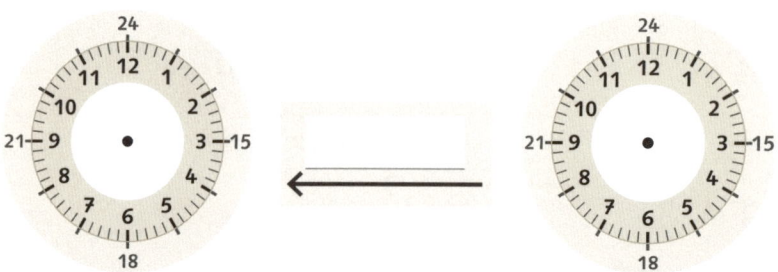

Beginn ____ : ____ Uhr   Ende ____ : ____ Uhr

Text lesen, Uhrzeit und Dauer erfassen und eintragen,
Zeitpunkt ermitteln, Antwortsatz ergänzen

So gut kann ich die Aufgaben: ☑ ?

Rechnen mit Längen

1 Ordne von kurz nach lang.

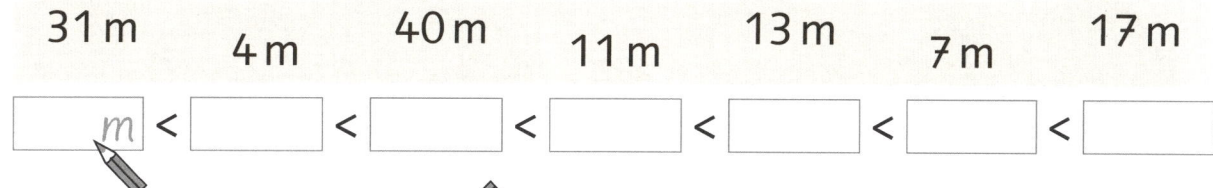

31 m   4 m   40 m   11 m   13 m   7 m   17 m

[ ] m < [ ] < [ ] < [ ] < [ ] < [ ] < [ ]

2   a) 30 m + 7 m = [ ] m   b)   20 m + 30 m = [ ]

     26 m + 5 m = [ ]   70 m + 23 m = [ ]

3   a) 60 m − 5 m = [ ]   b)   50 m − 10 m = [ ]

     78 m − 8 m = [ ]   100 m − 14 m = [ ]

4   a) 35 cm + 7 cm = [ ]   b) 46 cm − 9 cm = [ ]

     57 cm + 5 cm = [ ]   63 cm − 4 cm = [ ]

5 Korki sucht einen Weg.

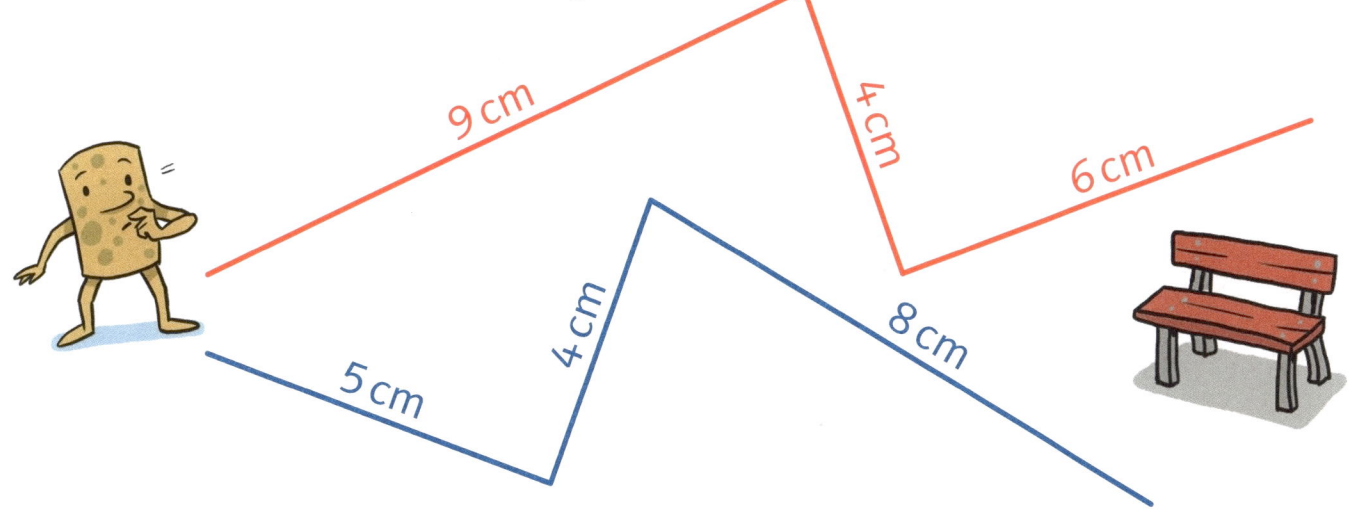

Weg	Rechnung				Länge
roter Weg	___ cm +	___ cm +	___ cm =	___ cm	___ cm
blauer Weg	___ cm +	___ cm +	___ cm =	___ cm	___ cm

So gut kann ich die Aufgaben: [✓] [?]

1 Meterangaben ordnen 2 addieren mit m 3 subtrahieren mit m 4 addieren und subtrahieren mit cm 5 addieren von 3 Summanden mit Längenangaben in cm

17

Wegstrecken

Frau Müller hat einen Schatz versteckt.

1 Ole, Paul und Ina wollen den Schatz suchen.

a) Frage: Wie lang ist Oles Weg?

Rechnung: 6 m + 1 0 m + 1 2 m = ____ m

Antwort: Oles Weg ist ____ m lang.

b) Frage: Wie lang ist Pauls Weg?

Rechnung:

Antwort:

2 Inas Weg ist 33 m lang. Sie hat schon 15 m geschafft.

a) Frage: Wie viele Meter muss sie noch laufen?

Rechnung:

Antwort: Ina muss noch ____ m laufen.

⭐ b) Wie lang können die beiden Strecken sein?
🔍 Trage eine Möglichkeit in den Plan ein.

Text lesen, Frage erfassen, Rechnung bilden, Antwortsatz ergänzen
1 Lageplan Längen der Teilstrecken entnehmen und addieren
2 fehlende Wegstrecke berechnen, mögliche Teilstrecken ermitteln

So gut kann ich die Aufgaben: ✓ ?

1 Alle 3 Kinder vergleichen die Länge ihrer Wege.

Wer hat den längsten Weg bis zum Schatz?

Inas Weg: 33 m
Oles Weg: ___ m
Pauls Weg: ___ m

_____ m > _____ m > _____ m

_____ hat den längsten Weg.

2 Ole und Paul vergleichen die Länge ihrer Wege.

Frage: Um wie viele Meter ist Pauls Weg länger als Oles?

Rechnung:

Antwort: Pauls Weg ist ____ m länger als Oles.

3 Ole und Ina vergleichen die Länge ihrer Wege.

Frage: Um wie viele Meter ist Oles Weg kürzer als Inas?

Rechnung:

Antwort: _____ .

4 Paul, Ole und Ina schauen sich den Plan noch einmal an.

Frage: Wie lang sind die Wege der 3 Kinder zusammen?

Rechnung:

Antwort: _____ .

5 Paul findet eine Abkürzung. Sein Weg ist jetzt 6 m kürzer.

★ Frage: Wie lang ist Pauls Weg jetzt?

Rechnung:

Antwort: _____ .

So gut kann ich die Aufgaben: ✓ ?

Text lesen, mit Informationen von Seite 18 rechnen, Antwortsatz ergänzen 1–3 Wegstrecken vergleichen 2, 3 Unterschiede ermitteln 4 Gesamtstrecke berechnen 5 Wegstrecke berechnen

19

1 Die Mal-AG beginnt um 15:00 Uhr. Sie endet um 15:45 Uhr.

☑ ? Wie viele Minuten dauert die AG?

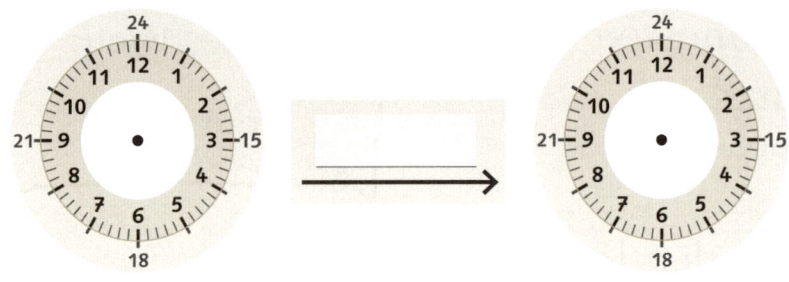

Beginn ____ : ____ Uhr   Ende ____ : ____ Uhr

_____ .

2 Lisa und Ina fahren um 14:00 Uhr los. Sie radeln 2 Stunden.

☑ ? Wann endet ihre Fahrt?

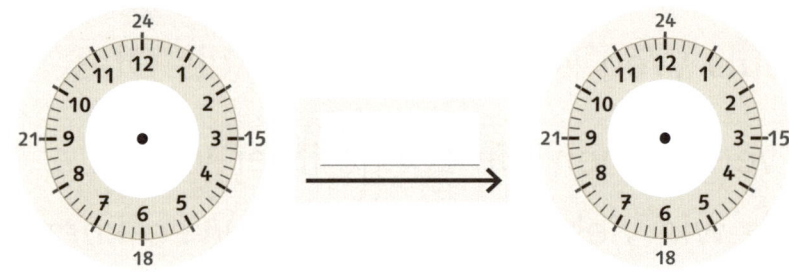

Beginn ____ : ____ Uhr   Ende ____ : ____ Uhr

_____ .

3 Leons Arm ist 58 cm lang. Oles Arm ist 3 cm kürzer.

☑ ? Frage: Wie lang ist Oles Arm?

Rechnung:

Antwort: _____ .

4 Fatima wirft ihren Ball 9 m weit. Lena wirft doppelt so weit.

☑ ? Frage: Wie weit wirft Lena ihren Ball?

Rechnung:

Antwort: _____ .

Besuch im Museum

1 Frau Miller besucht mit Tim und Dennis das Museum.

Frage: Wie viel bezahlen sie zusammen?

Rechnung: $10 € + 5 € + 5 € = \_\_\_\_ €$

Antwort: _____ .

2 Frau Miller gibt der Frau an der Kasse einen 50-€-Schein.

Frage: Wie viel Geld bekommt sie zurück?

Rechnung:

Antwort: _____ .

3 Tim möchte eine Echse aus Stoff für 18 € kaufen. Er hat 15 €.

Frage: Wie viel Geld fehlt Tim?

Rechnung:

Antwort: _____ .

4 ⭐ Murat geht mit seinen Eltern in die Ausstellung.
Sie kaufen eine Familienkarte.

Frage: Wie viel Euro sparen sie im Vergleich
zum normalen Eintrittspreis?

Rechnung:

Antwort: _____ .

Besuch im Erlebnispark

1 Mira, Lisa, Murat, Ole und Leon besuchen mit Oles Papa einen Erlebnispark.

a) Eine Eintrittskarte für Kinder kostet 9 €.

Frage: Wie viel kostet der Eintritt für 5 Kinder zusammen?

Rechnung:

Antwort: _____ .

b) Der Eintrittspreis für Erwachsene beträgt 12 €.

Frage: Wie viel bezahlt Oles Papa insgesamt?

Rechnung:

Antwort: _____ .

2 Oles Papa bezahlt passend. Gib eine Möglichkeit an.

⭐

1 Text lesen, Sachsituation und Frage erfassen, Rechnung bilden, Gesamtbetrag ermitteln, Antwortsatz schreiben
2 den Gesamtbetrag aus Nr. 1 passend legen und zeichnen

So gut kann ich die Aufgaben: ✓ ?

1 Vor der Achterbahn ist eine Warteschlange.
Um 14:10 Uhr stellen sich die Kinder an.
Sie warten 30 Minuten.

Wann beginnt ihre Fahrt mit der Achterbahn?

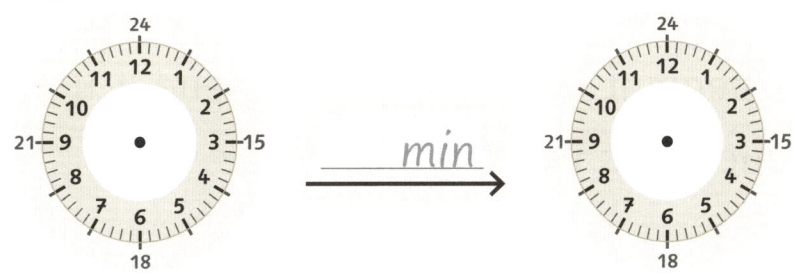

Beginn ____:____ Uhr   Ende ____:____ Uhr

_____ .

2 Es gibt zwei Wasserrutschen.
Die lange Rutsche ist 65 m lang.
Die kurze Rutsche ist 30 m kürzer.

Frage: Wie lang ist die kurze Rutsche?

Rechnung:

Antwort: _____ .

3 Oles Papa holt für die 5 Freunde je einen Saft.
Er bezahlt 15 €.

Frage: Wie viel kostet ein Saft?

Rechnung:

Antwort: _____ .

So gut kann ich die Aufgaben: ✓ ?

Text lesen, Sachsituation und Frage erfassen, Antwortsatz
ergänzen 1 Zeitpunkt ermitteln 2 Länge berechnen
3 Einzelpreis berechnen

23

Das Schulfest

1 Das Schulfest beginnt um 13:00 Uhr. Es endet um 16:00 Uhr.
Wie lange dauert das Fest?

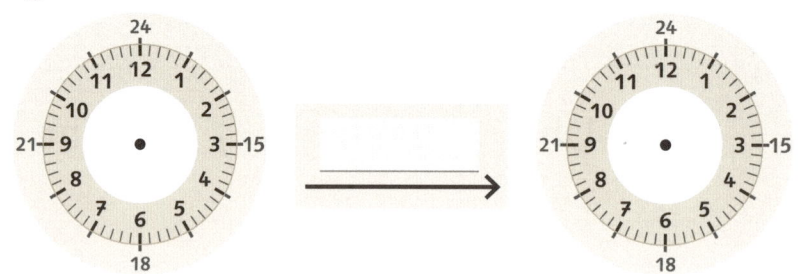

Beginn ____ : ____ Uhr   Ende ____ : ____ Uhr

_____ .

2 Lena und Tim haben 2 Bleche Muffins gebacken.
Auf jedes Blech passen 24 Törtchen.

Frage: Wie viele Muffins haben
              die beiden insgesamt gebacken?

Rechnung:

Antwort: _____ .

3 Im vergangenen Jahr hat Dennis 86 Gäste gezählt.
Fatima zählt beim diesjährigen Schulfest 12 Besucher mehr.

Frage: Wie viele Gäste besuchen
              in diesem Jahr das Schulfest?

Rechnung:

Antwort: _____ .

Text lesen, Sachsituation und Frage erfassen, Antwortsatz
ergänzen 1 Zeitdauer ermitteln 2, 3 Anzahl ermitteln

So gut kann ich die Aufgaben: ✓ ?

1 Beim Zielwurf gewinnt Ömer.
Er trifft 3-mal 8 Punkte.

Frage: Wie viele Punkte hat Ömer?

Rechnung:

Antwort: _____ .

2 Die Strecke für den Schlängellauf ist 80 m lang.
Die Strecke für das Sackhüpfen ist 55 m kürzer.

Frage: Wie lang ist die Strecke für das Sackhüpfen?

Rechnung:

Antwort: _____ .

3 Am Eisstand kostet eine Kugel Eis 1 €.
⭐ Schülerinnen und Schüler bezahlen nur die Hälfte.

Frage: Wie viel kostet eine Kugel Eis für sie?

Rechnung:

Antwort: _____ .

4 Im Spendensparschwein sind am Ende des Festes 84 €.
Es soll ein Basketballkorb für 96 € gekauft werden.

Frage: Wie viel Geld fehlt noch?

Rechnung:

Antwort: _____ .

So gut kann ich die Aufgaben: ☑ ❓

Text lesen, Sachsituation und Frage erfassen, Antwortsatz
ergänzen 1 Anzahl ermitteln 2 Strecke berechnen
3 Preis ermitteln 4 fehlenden Betrag berechnen

25

Sachrechnen

1 Paul verteilt 32 Karten an 4 Spieler.

☑ ?

Frage: Wie viele Karten bekommt jeder Spieler?

Rechnung:

Antwort: _____.

2 Dennis und Murat kaufen ein.

☑ ?

Dennis bezahlt an der Kasse 10 €.
Murat bezahlt 3-mal so viel.

Frage: Wie viel bezahlt Murat?

Rechnung:

Antwort: _____.

3 Leon und Ömer gehen um 13:00 Uhr ins Fußballstadion.

☑ ?

Um 16:00 Uhr kommen sie wieder raus.

Wie lange waren die beiden im Stadion?

Beginn ____:____ Uhr   Ende ____:____ Uhr

_____.

4 Tim und Fatima zeichnen Linien mit dem Lineal.

☑ ?

Tims Linie ist 8 cm lang. Fatimas Linie ist 3 cm länger.

Frage: Wie lang ist Fatimas Linie?

Rechnung:

Antwort: _____.

Daten

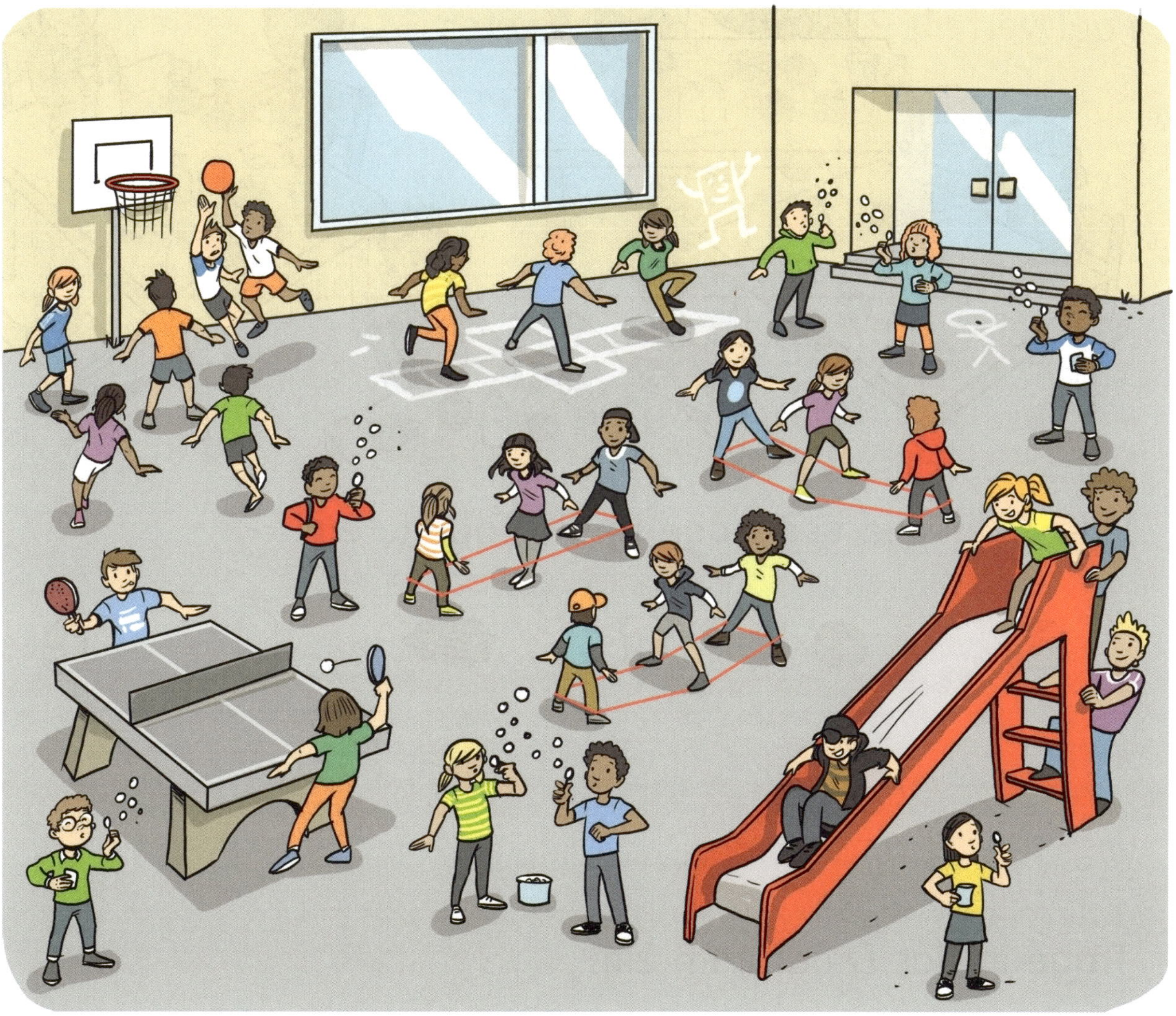

1 Erfasse die Anzahl der Kinder.

||||

4

So gut kann ich die Aufgaben: ✓ ?

Daten aus dem Bild entnehmen, Strichliste führen, Anzahl ermitteln

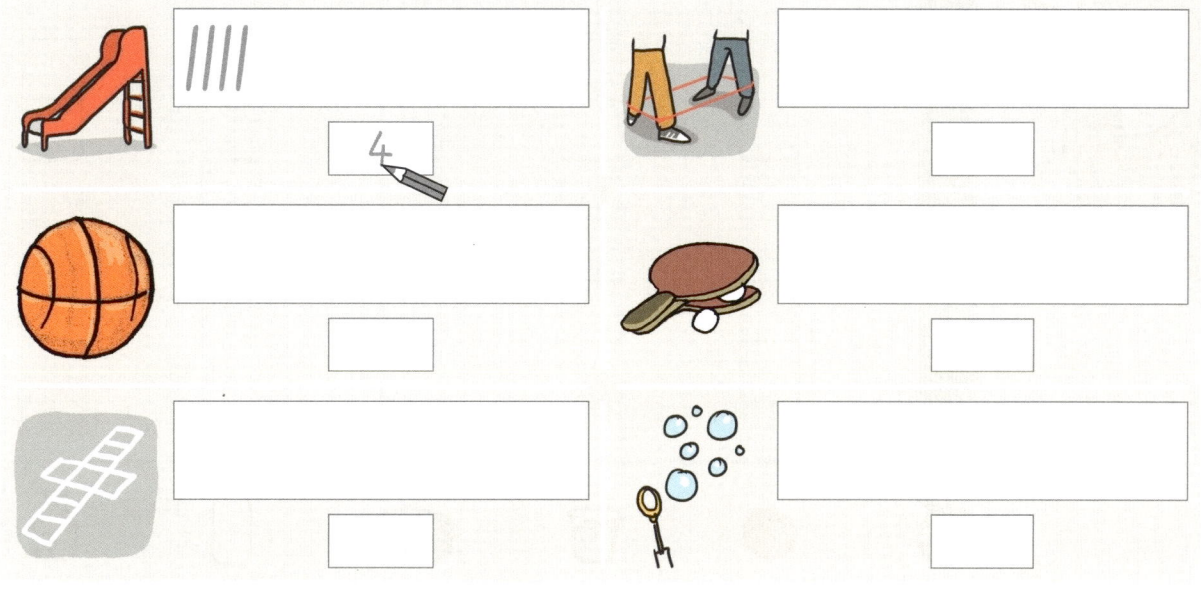

Daten

1 Wie viele sind es? Trage in die Tabelle ein.

🍏	🍎	🥛	🥪	🍶	🍯
~~HHH~~ |||					
8 ✏️					

2 Trage in das Diagramm ein.

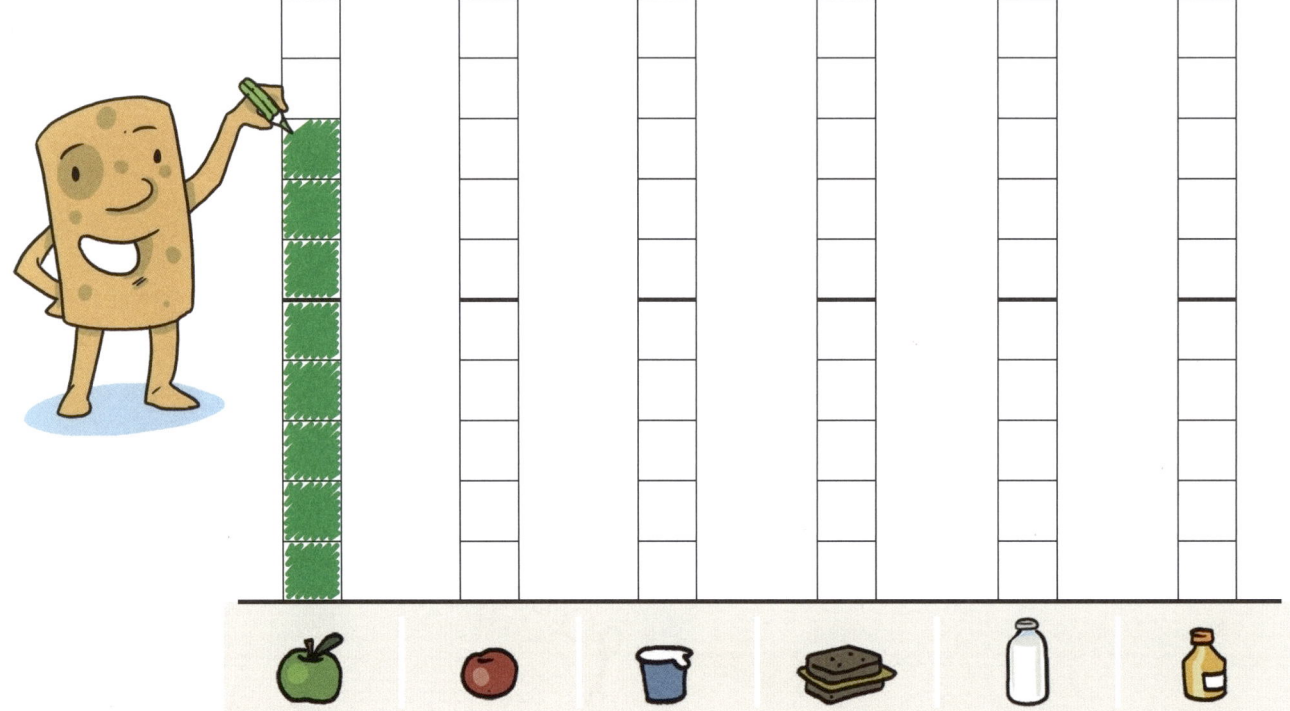

1 Daten aus dem Bild entnehmen und in die Tabelle eintragen
2 Daten im Säulendiagramm darstellen

So gut kann ich die Aufgaben: ☑ ❓

1 Ömer und seine Freunde planen ein gemeinsames Frühstück.
Ergänze die Wunschliste.

7					10

a) Die Hälfte der Kinder trinkt Milch.
Die anderen möchten Saft.
Wie viele Kinder trinken Saft?

b) Alle Kinder essen Obst und Gemüse.
Wie viele Kinder sind beim Frühstück dabei?

c) 8 Kinder möchten Brötchen essen. 6 Kinder mehr wollen
einen Jogurt. Wie viele Kinder essen einen Jogurt?

2 Trage in das Diagramm ein.

1 auf Grundlage des Textes Daten ermitteln, Ergebnisse in die
Tabelle eintragen 2 Daten im Säulendiagramm darstellen

Kombinieren

Murat und Lena gehen Eis essen.

1 Murat sucht etwas zum Anziehen.

Wie viele Möglichkeiten hat Murat?

Murat hat _____ Möglichkeiten, sich anzuziehen.

2 Auch Lena überlegt, was sie anziehen kann.

Wie viele Möglichkeiten hat Lena?

Lena hat _____ Möglichkeiten, sich anzuziehen.

Kleidung nach vorgegebenen Farben ausmalen,
alle möglichen Kombinationen finden,
Anzahl der möglichen Kombinationen bestimmen

So gut kann ich die Aufgaben: ☑ | ?

In der Eisdiele gibt es 3 Eissorten:

Achtung!
Male keine
Tüte doppelt!

1 Lena möchte 2 <u>verschiedene</u> Kugeln Eis.

Wie viele unterschiedliche Eistüten
kann Lena bestellen?
Löse mit einer Skizze.

Lena kann _____ unterschiedliche Eistüten bestellen.

2 Murat möchte 2 Kugeln Eis.

Wie viele unterschiedliche Eistüten kann Murat bestellen?
Löse mit einer Skizze.

Murat kann _____ unterschiedliche Eistüten bestellen.

So gut kann ich die Aufgaben: ☑ ?

Skizzen der Eistüten selbst erstellen; Anzahl der möglichen
Kombinationen bestimmen 1 Dopplung nicht möglich
2 Dopplung möglich

31

1 Auf einem Bauernhof gibt es viele Tiere.
✓? Ergänze die Tabelle.

| 6 | | 2 | |

a) Es gibt 3-mal so viele Hühner wie Schweine.
Wie viele Hühner gibt es?

b) Es gibt 3 Hasen mehr als Hunde.
Wie viele Hasen gibt es?

2 Frau Meinung hat 3 verschiedene Möhren.
✓? Hase Mümmel bekommt 2 Möhren.

Wie viele unterschiedliche
Möhrenpaare gibt es?
Löse mit einer Skizze.

Mümmel kann ____ unterschiedliche Möhrenpaare fressen.